LA SOUPE AU CAILLOU

LA FÊTE DE MA TANTE

SCÈNES VILLAGEOISES

PARIS
IMPRIMERIE CENTRALE DES CHEMINS DE FER
A. CHAIX & Cie
Rue Bergère, 20, près du boulevard Montmartre.
1874

LA
SOUPE AU CAILLOU

LA
FÊTE DE MA TANTE

SCÈNES VILLAGEOISES

PARIS
IMPRIMERIE CENTRALE DES CHEMINS DE FER
*A. CHAIX & C*ⁱᵉ
Rue Bergère, 20, près du boulevard Montmartre.
1874

Le succès avec lequel ces deux bluettes ont été représentées à la campagne engage l'auteur à les faire imprimer. On recherche souvent, pendant la saison des vacances, de petites pièces à jouer en famille, et, parmi celles qui ont été représentées au théâtre, il est bien rare qu'on puisse faire un choix sans inconvénients. Celles-ci, à défaut d'autre mérite, ont du moins celui de n'exiger aucune coupure, quel que soit l'âge des enfants auxquels seront distribués des rôles.

Il suffira de quelques changements de mots pour adapter « La Fête de ma Tante » à la fête d'une mère, si les enfants qui la célèbrent sont plus heureux que ne l'étaient ceux de l'auteur.

PERSONNAGES

MATHIEU, fermier.
PIERRETTE, sa fille.
FRANÇOIS, son fils.

LA SOUPE AU CAILLOU

SCÈNE PREMIÈRE.

MATHIEU, PIERRETTE.

(Mathieu, assis près d'une table, se lève, prend son bâton, boit un verre de cidre, et bourre une pipe.—Pierrette tricote.)

MATHIEU.

Dis donc, Pierrette, ta tante reviendrion tard du marché. Je m'en allion un peu voir nos champs. T'es ben assez grande pour garder la maison, en attendant.

PIERRETTE.

A quatorze ans, je ne pense pas que le vent m'enlève.

MATHIEU.

Tu fermerion ben la porte, et tu ne laisserion pas entrer le loup-garou.

PIERRETTE.

S'il y avait des loups-garous, ils ne seraient pas embarrassés d'entrer par le trou de la serrure.

MATHIEU.

Ces petites jeunesses, suffit que ç'a été à l'école, ç'avion toujours queuque chose à répondre, et ça ne voulion plus croire les anciens. J'aurion mieux fait de ne pas perdre mon argent à vous envoyer à l'école, ton frère et toi, pour le profit qu'j'en tirion.

PIERRETTE.

J'aurais plus de peur des loups véritables.

MATHIEU.

Comme si tu étion un mouton! Vlà c'qu'on apprenion à l'école, des bêtes d'histoires de p'tit cordon rouge, qu'ça troublion la cervelle des jeunesses. — Les loups, Pierrette, c'étion plus peureux que des lieuvres, et ça n'entrion jamais dans les maisons.

PIERRETTE.

Et les loups-garous y entrent ?

MATHIEU.

Certainement. Et les voleurs aussi. Tu

n'ouvririon à personne, entends-tu, à moins de savoir ben qui qu'c'est. Si on frappe, tu regarderion d'abord qui qu'c'est. Et tu ne donnerion rien aux mendiants qui ne serion pas du pays. Y en a, de ces faigniants, qui ne valion pas une bouchée de pain. (Tout en parlant, il s'est approché de la porte, qu'il ouvre et referme lentement en se retournant.) Tout de même, Pierrette, ça commencion à me chagriner que je n'avion pas de nouvelles de mon garçon.

PIERRETTE.

Vous étiez si en colère quand il est parti! Vous lui avez défendu de vous écrire, et vous nous avez défendu de vous parler de lui.

MATHIEU.

J'étion colère, c'est vrai. Mais j'étion pas méchant. Et c'étion mon garçon après tout. — Je voudrion ben savoir comment qui se trouvion au régiment.

PIERRETTE.

Je le sais, moi. Il m'a écrit.

MATHIEU (vivement).

Et tu ne m'en avion rien dit ?

PIERRETTE.

Puisque vous me l'aviez défendu.

MATHIEU.

C'est juste. Mais les pères, queuques fois ça défend, pour n'être pas obéi.

PIERRETTE.

Les sœurs ne m'ont pas enseigné cela, à l'école.

MATHIEU.

Un gamin qu'a voulu être soldat malgré moi, et avant le tirage. Encore un savant qui apprenion de jolies choses à l'école, au lieur de piquer les bœufs et de conduire la charrue. — Hé ben, puisqu'il t'a écrit, comment qui va, ce pauvre petiot ?

PIERRETTE.

Vous ne vous fâcherez pas ?

MATHIEU.

J'étion colère, c'est vrai, mais j'étion pas méchant, et j'li pardonnerion ben vite, si revenion manger la soupe avec nous.

PIERRETTE (joyeuse).

Quel bonheur ! Hé bien, il m'a écrit souvent, il va parfaitement, il est déjà caporal...

MATHIEU.

Caporal! Il serion bientôt colonel alors. C'est moi qui serion fier de voir mon garçon colonel !

PIERRETTE.

Et son bataillon va venir en garnison à Melun, à six lieues d'ici.

MATHIEU.

Pauvre petiot ! Je voulion de suite aller le voir. François qui serion colonel ! Demain matin, j'attellerion Grisette, et nous monterion dans la charrette, toi, ta tante et moi, et nous irion à Melun, voir le colonel.

PIERRETTE (riant).

Attendez un peu, il ne l'est pas encore, — et puis il n'est peut-être pas arrivé à Melun. Mais s'il venait ici vous voir lui-même, est-ce qu'il serait bien reçu ?

MATHIEU.

S'il serion ben reçu, mon garçon ! Je pension à lui tous les jours, et ça me donnion une tristesse, parce que je ne voulion rien dire. J'étion colère, c'est vrai ; mais j'étion pas plus méchant qu'un poulet.

PIERRETTE.

Je vais lui écrire sans perdre une minute.

MATHIEU.

Doucement, Pierrette, écris ça comme de toi, au moins, je ne voulion pas manquer à ce que j'avion dit. Mais s'il venion comme ça, ici, par hasard, montrer ses galons de colonel, tu penses ben que je ne le flanquerion pas à la porte.

PIERRETTE.

Il suffit. J'arrangerai bien les choses.

MATHIEU.

Bonjour, Pierrette, je m'en allion voir nos champs. (Il fait un pas vers la porte.) C'est égal, j'avion un gros poids de moins sur l'estomac. (Il fait un autre pas.) N'ouvre à personne, tu sais, et méfie-toi des mendiants. (Il fait encore un pas.) Rallume ton feu, tu l'avion laissé s'éteindre pendant que tu bavardion. C'est si bavard, les filles. Faut que ta tante trouve l'eau bouillante dans la grande marmite. (Il ouvre la porte et disparaît, puis reparaissant.) Tu n'oublierion pas d'écrire à ton frère.

PIERRETTE.

Ne craignez rien.

(Mathieu sort.)

SCÈNE II.

PIERRETTE (seule, rallumant le feu.)

Quelle joie de penser que nous allons revoir François après six mois d'absence, et que mon père va lui pardonner ! Pourvu que les querelles ne recommencent pas ! Leurs caractères ne pouvaient pas aller ensemble. François était trop savant, comme dit mon père, toujours occupé de ses lectures, et ne songeant qu'à inventer des plaisanteries au lieu de garder les vaches. Il va nous arriver encore plus déluré, après six mois de régiment. — Voilà mon feu bien allumé, il faut que je me mette à lui écrire. (On frappe à la porte). On frappe, mon père m'a bien recommandé de ne pas ouvrir. Faisons comme s'il n'y avait personne. (On frappe encore.) Allons voir qui c'est. (Elle s'approche de la fenêtre.) Tiens, c'est un vieux moine mendiant, avec sa besace. Il n'a pas l'air d'un loup-garou. (Élevant la voix.) Je suis toute seule à la maison, mon bon père, et on ne m'a laissé aucun argent. Repassez dans une heure ou deux, quand mes parents seront rentrés.

LE MOINE (du dehors).

Je n'ai besoin de rien, et ne demande aucun argent, mon enfant. Seulement un escabeau près du feu, pour me reposer et me réchauffer avant de continuer ma course. Vous ne me refuserez pas cela.

PIERRETTE (à elle-même).

Ce serait bien dur à refuser en effet. Il paraît si vieux et le temps est si froid ! Mon père ne me grondera certainement pas.

(Elle ouvre la porte.)

SCÈNE III.

LE MOINE (longue barbe blanche), PIERRETTE.

LE MOINE (nasillant).

Merci, mon enfant. J'ai encore trois lieues à faire et je suis bien fatigué.

PIERRETTE.

Vous avez peut-être faim, je voudrais vous offrir quelque chose à manger.

LE MOINE.

Je vous ai dit que je n'ai besoin de rien, mon enfant, et je suis d'ailleurs si facile à nourrir ! (Il s'assoit en grelottant auprès du feu.) Qu'est-ce que vous avez là dans cette marmite ?

PIERRETTE.

Seulement de l'eau bouillante.

LE MOINE.

C'est précisément ce qu'il me faut. (Il tire un gros caillou de son sac.) Vous me permettrez bien de faire tremper un peu ceci dans votre marmite ?

PIERRETTE.

Qu'est-ce que c'est, mon bon père ? On dirait un caillou.

LE MOINE.

Oui, mon enfant. Hors de mon couvent, j'ai fait vœu de ne manger jamais que de la soupe au caillou, et je voyage avec cette pierre, ne demandant que de l'eau chaude pour la tremper.

(Il dépose le caillou dans la marmite.)

PIERRETTE.

Cela doit faire un potage bien fade.

LE MOINE.

Assez fade à la vérité, mais j'y suis habitué. Après cela, si vous aviez une pincée de sel ou deux à y mettre...

PIERRETTE.

Comment! bien volontiers, mon bon père.
(Elle met du sel dans la marmite.)

LE MOINE,

Si vous aviez là par hasard un chou, cela relèverait un peu le goût...

PIERRETTE.

En voici un que j'ai cueilli tout à l'heure.
(Elle met un chou dans la marmite.)

LE MOINE.

Je n'y tiens pas, et vous concevez qu'on ne trouve pas un chou partout, aussi je m'en passe habituellement. Puisque vous êtes si gentille, mon enfant, si vous aviez là deux ou trois carottes...

PIERRETTE.

Avec bien du plaisir, mon bon père.
(Elle met des carottes dans la marmite.)

LE MOINE.

Et deux oignons...

PIERRETTE.

Les voici.

(Elle met deux oignons dans la marmite.)

LE MOINE (remuant les légumes dans la marmite.)

Merci, mon enfant. Il faut savoir se contenter de ce qu'on trouve. Tantôt un peu de l'un, tantôt un peu de l'autre, souvent rien du tout, mais mon caillou supplée à ce qui manque. — Auriez-vous de la girofle ?

PIERRETTE.

Nous ne connaissons pas cela ici, autrement...

LE MOINE.

Je le pensais bien. Il y a si longtemps que je n'ai eu de girofle dans mon potage ? — (Il remue toujours les légumes). Vous êtes bien seule ici, mon enfant, vous attendez votre tante, je crois ?

PIERRETTE.

Oui, mon bon père, elle est allée au marché, et peut arriver d'un instant à l'autre.

LE MOINE.

Une bien digne femme, à ce que j'ai entendu dire.

PIERRETTE.

Oh! oui, tendre comme une mère.

LE MOINE.

Et votre père, est-il aussi bon qu'elle?

PIERRETTE.

Il a le cœur excellent, seulement il est un peu vif. Comme il dit souvent, il est colère, mais il n'est pas méchant.

LE MOINE.

Et vous n'avez pas de frère?

PIERRETTE.

Pardon, j'ai un frère de vingt ans, qui s'est fait soldat, et mon père lui en a beaucoup voulu, mais maintenant il désirerait bien le revoir, et ce sera une joie quand mon frère reviendra nous montrer ses galons...

LE MOINE.

Vous croyez que votre père le recevra joyeusement?

PIERRETTE.

J'en suis certaine, il me l'a dit tout à l'heure.

LE MOINE (remuant toujours les légumes).

Vous ne vous doutez pas combien cela me fait plaisir. Voilà une soupe qui va être parfaite. N'auriez-vous pas un morceau de lard, ou de bœuf, à mettre dans la marmite ?

PIERRETTE.

C'est cela que vous appelez la soupe au caillou, mon bon père ?

LE MOINE.

Mon enfant, c'est le caillou qui est l'essentiel. Je sais me passer de tout le reste.

(La porte s'ouvre, Mathieu entre.)

SCÈNE IV.

LES PRÉCÉDENTS, MATHIEU.

MATHIEU.

Ah ben, Pierrette, c'est comme ça que tu

m'obéission ? Je t'avion défendu de laisser entrer personne jusqu'à mon retour.

PIERRETTE.

Un bon moine fatigué, mourant de froid et de faim. Et il ne me demandait qu'un escabeau au coin du feu.

MATHIEU.

Qui te prouvion seulement que c'est un vrai moine ? Il y a tant de rôdeurs au jour d'aujourd'hui. (Le moine s'est levé. Mathieu le dévisage, puis soulève sa robe). En voilà un drôle de pantalon pour un moine.

PIERRETTE (effarée).

Un pantalon de soldat !

LE MOINE (se débarrassant de sa robe, de son frac et de sa barbe, apparaît en costume de caporal, et se jette dans les bras de Mathieu).

Hé bien oui, mon père, c'est votre fils François.

MATHIEU (après l'avoir embrassé deux fois de chaque côté).

C'étion bien François, tout de même, si ce n'étion pas le loup-garou.

PIERRETTE.

C'est bien François, quelle bonne mine il

à ! Mais quelle idée de venir sous ce costume. Tu feras donc toujours des farces ?

FRANÇOIS.

Excusez, mon père. Arrivé hier soir en garnison à Melun, j'ai aussitôt demandé une permission. Ne sachant pas comment vous me recevriez, j'ai imaginé ce déguisement, pour tâter le terrain. J'ai guetté dans les environs, j'ai attendu que Pierrette fût seule, pour la faire jaser. J'ai appris que vous auriez la bonté de me pardonner...

MATHIEU.

Dire que j'aurion un garçon qui aurion tant d'esprit ! C'est pourtant bon à queuque chose d'aller à l'école. Aussi vrai comme j'étion Mathieu, c'est pas moi qui aurion inventé tout ça. Comme ta tante va être contente, pas vrai, Pierrette ? J'invite tous les voisins, et nous allons boire une fameuse bouteille de cidre.

FRANÇOIS.

Et de ma vie je n'aurai mangé de meilleure soupe que la soupe au caillou.

FIN.

LA FÊTE DE MA TANTE

MATHIEU, PIERRETTE, FRANÇOIS.

PIERRETTE.

Avez-vous pensé, mon père, que c'est demain la fête de notre bonne tante ?

MATHIEU.

Moi ? Je n'aimion pas les fêtes, et je ne pension jamais à la fête de personne, hormis qu'à la fête de la Saint-Martin, parce que ce jour-là faut que je ramassion des écus pour payer mon fermage. C'est celle-là qui étion bien la fête des propriétaires. Si j'étion propriétaire, et que j'avion douze garçons, je les appellerion tous Martin, pour leur porter bonheur.

PIERRETTE.

Il ne serait pas facile de les distinguer les uns des autres.

MATHIEU.

T'es encore fine, toi. Je leurs aurion donné des numéros.

PIERRETTE.

Vous avez quelquefois de drôles d'idées, mon père, et qui ne sont pas toujours celles de ma tante. Elle pourrait être sensible si on avait l'air de l'oublier.

MATHIEU.

Moi l'oublier, ta tante? J'oublierion plutôt..... Je ne savion pas quoi. — J'oublierion plutôt..... de donner de l'herbe à mes vaches, quoi.

FRANÇOIS.

Ma tante ne serait pas très-fière de la comparaison.

MATHIEU.

Toi, rapport que tu es-t-un savant, tu avion toujours queuque bêtise à dire. Il faut ben que je te donne permission de jaboter, puisque tu es-t-en permission. Qu'est-ce que j'avion dit de mal tout à l'heure ? Est-ce que j'avion jamais oublié un jour dans ma vie de donner de l'herbe à mes vaches? C'est toi qui les laission mourir de faim, quand tu boution le nez dans tes livres.

FRANÇOIS.

Si je deviens colonel, mes livres ne m'auront pas été inutiles.

MATHIEU.

Toi, tu voulion toujours avoir raison, depuis que tu n'étion pas plus haut que ça.

FRANÇOIS.

Mon père, vous ne répondez rien au sujet de la fête de notre tante.

MATHIEU.

Hé bien, votre tante, elle ne serion pas meilleure demain qu'elle étion hier, et je ne l'aimion pas moins hier que je l'aimerion demain.

PIERRETTE.

C'est bien certain, mon père, mais nous pourrions, à l'occasion de sa fête, lui témoigner nos sentiments.

MATHIEU.

Hé ben, voyons, quels sentiments que vous avion pour votre tante. Toi d'abord, Pierrette ?

PIERRETTE.

Oh! mon père, les sentiments d'une fille bien reconnaissante et bien tendre.

MATHIEU.

Et toi, savant, qu'est-ce que tu dision?

FRANÇOIS.

Je dis qu'à mesure que je grandissais, je sentais chaque jour mieux ce que je lui devais, et que je l'aimais chaque jour davantage, et je dis, foi de soldat, que je me ferais tuer pour elle.

MATHIEU.

C'est tout de même ben gentil, les enfants. Moi, je ne savion pas faire des phrases comme vous, rapport que je n'avion pas été à l'école, mais je dision tout de même comme ça..... — Qu'est-ce que je dision? — Vlà que je ne savion plus ce que je dision. — Je dision comme ça que c'est un fameux cadeau que le bon Dieu nous a envoyé, à vous et à moi, lorsque j'étion dans la peine — et que j'en remercion le bon Dieu tous les jours.

PIERRETTE.

Vous avez dit mieux que nous, mon père.

Hé bien, qu'est-ce que nous pourrions organiser pour demain?

MATHIEU.

Demain, j'ai mes foins à rentrer — et il faudra ben que tu nous donnion un coup de main, savant.

FRANÇOIS.

Vous ne rentrerez pas vos foins après le coucher du soleil.

MATHIEU.

Quand le soleil s'étion couché, ce qu'on a de mieux à faire — c'est de faire comme le soleil, et de mettre son bonnet de nuit.

FRANÇOIS.

Il ne met pas de bonnet de nuit, le soleil, il travaille toujours et ne se repose jamais.

MATHIEU.

Veux-tu te taire, gamin. Tu crois m'apprendre ça, toi? Faut toujours que tu jabotes. Je savion ben que c'étion une manière de parler, et que le soleil, quand il a l'air de se coucher, c'est qu'il voulion changer de place, pour ne pas s'ennuyer, et qu'il s'en allion travailler ailleurs, derrière la montagne, dans un autre département. En vlà un journalier qu'a du cœur à l'ouvrage, et qui fait de la besogne à lui tout seul! En deux jours il a séché tous mes foins. Et il ne coûte pas cher à nourrir, et il ne se plaint jamais d'avoir trop chaud, et il ne se fait pas payer encore. Les hommes n'étion pas justes pour lui. Ils ne lui donnion seulement pas un verre de cidre. Et c'est pourtant lui qui a fait mûrir les pommes.

FRANÇOIS.

Vous vous plaignez souvent qu'il boit toute votre eau, et n'en laisse pas une goutte pour le bétail.

MATHIEU.

On n'a jamais le dernier avec toi, savant. C'étion vrai, tout de même, que le soleil étion un fameux buveur d'eau! Je n'en sauvion un peu de sa soif qu'en la cachant au fond du puits.

PIERRETTE.

Mais mon père, ma tante va rentrer bientôt et nous n'avançons guère nos projets.

MATHIEU.

Quels projets?

PIERRETTE.

Je vous l'ai dit, pour lui souhaiter la fête.

MATHIEU.

Je n'y pension déjà plus. Je pension jamais aux fêtes.

FRANÇOIS.

Ma tante, c'est encore comme le soleil. Elle fait du bien à tout le monde; quand elle disparaît, c'est pour aller faire du bien ailleurs, et elle ne boit que de l'eau.

MATHIEU.

Dire que j'aurion un garçon qui aurion tant d'esprit! Hé ben, le soleil, on ne lui souhaite pas la fête, parce qu'on se revoit de bonne amitié tous les matins.

PIERRETTE.

Mais je suis sûre que cela fera plaisir à ma tante — pourvu qu'on ne le lui annonce pas, qu'elle ne se doute de rien, et que ce soit une surprise.

MATHIEU.

Fallait dire ça plutôt. Si ça lui fait plaisir à la bonne femme, c'étion pas moi qui ferion opposition. Je serion trop content de lui faire plaisir. Hé ben, qu'est-ce qui pourrion lui faire plaisir, à ta tante?

PIERRETTE.

C'est ce que nous voulions chercher avec vous.

MATHIEU.

J'ai une idée. Si tu lui préparion une bonne soupe aux choux, avec du lard et des grosses fèves dedans? Elle aime beaucoup la soupe aux choux.

FRANÇOIS.

Et j'assaisonnerai la soupe avec mon caillou.

MATHIEU.

Te vlà encore avec ton caillou, vieux moine? C'est ben heureux que tu soyon caporal, sans cela tu aurion été comédien.

FRANÇOIS.

Puisque je suis comédien, je demande que nous jouïons une petite comédie.

PIERRETTE (vivement).

Oui, c'est cela. Une petite comédie. Ce sera très-amusant.

MATHIEU.

Une comédie chez moi! J'ai des enfants

qui voulion jouer la comédie à présent ! On apprenion de jolies choses à l'école — et au régiment.

PIERRETTE.

Les bonnes sœurs nous faisaient jouer de petites scènes, à la distribution des prix.

FRANÇOIS.

Et nous en jouions aussi, quand nous étions au camp.

MATHIEU.

Et qui est-ce qui la ferion, votre comédie ?

FRANÇOIS.

Ce sera vous, mon père.

MATHIEU.

Tu mériterion que je te flanquion à la porte, toi, mauvais gamin, pour te moquer comme ça du père Mathieu. Mais tu étion en permission, et faut ben te laisser dire toutes tes bêtises.

FRANÇOIS.

Ce serait joli, de me flanquer à la porte, pour la fête de ma tante.

MATHIEU.

Le père Mathieu qui ferion une comédie !

PIERRETTE.

Et nous inviterons tout le village, et nous inviterons M. le curé.

MATHIEU.

Vous inviterez M. le curé à la comédie? Mais il amènerion le bedeau avec son goupillon, pour vous jeter de l'eau bénite.

PIERRETTE.

Pas du tout, il assistait très-bien à nos petites pièces chez les sœurs. Il est si bon et si indulgent, M. le curé! Je suis sûre qu'il s'amuserait beaucoup de vous voir jouer votre rôle.

MATHIEU.

Ça va bien, les enfants. J'étion tenté de croire que vous n'avez pas fait comme le soleil, et que vous avez bu autre chose que de l'eau. — Vlà maintenant que le père Mathieu va jouer la comédie.

FRANÇOIS.

C'est moins difficile que de la faire.

MATHIEU.

Tu ne tairas pas ton bec, toi?

FRANÇOIS.

Mon père, promettez-moi de ne pas vous mettre en colère pour ce que je vais dire.

MATHIEU.

J'étion colère, c'est vrai, mais j'étion pas plus méchant qu'un poulet.

FRANÇOIS.

Je le sais. Je vous demande de ne pas même être colère — et de ne pas me flanquer à la porte.

MATHIEU.

Dame, si c'étion trop fort aussi, on n'étion pas toujours maître de soi. Si tu me dision comme ça, histoire de rire, que le père Mathieu est un vieux radoteur.....

PIERRETTE et FRANÇOIS (ensemble).

Oh, mon père !

MATHIEU.

Histoire de rire, que je dis. Malgré ça, je ne répondrion pas que tu ne sentirion pas mon bâton sur tes épaules, de premier mouvement. C'est mon bâton qui se lèverion tout seul, et j'en serion bien fâché après, mais il serion trop tard pour le rattraper. J'étion colère, c'est vrai, mais.....

FRANÇOIS.

C'est parce que je crains votre premier mouvement que je vous demande une promesse.

MATHIEU.

Je ne promettion rien.

FRANÇOIS.

Alors je ne puis rien dire.

MATHIEU.

Hé ben, je promettion, mais prends garde de m'échauffer le sang.

FRANÇOIS.

Ce n'est pas là une promesse bien sûre. Je ne dirai rien.

MATHIEU.

Est-il ostiné, ce gamin-là? Il faut toujours lui céder. Hé ben, je m'assois. Je dépose là mon bâton. Je bois un verre de cidre. Et je promettion de rester ben tranquille, sage comme une image, — n'importe ce que tu dirion.

FRANÇOIS.

Mon père, la comédie que je vous ai dit de faire.....

MATHIEU.

Hé ben?

FRANÇOIS.

Vous venez de la faire, en notre présence.....

MATHIEU (se levant brusquement et saisissant son bâton).

J'ai fait une comédie, moi, mauvais gamin ?

FRANÇOIS.

Vous aviez promis de rester tranquille, et vous vous fâchez dès le premier mot.

MATHIEU.

C'est juste. J'avion promis. Je me rasseyion.

(Il se bouche les oreilles.)

FRANÇOIS (parlant fort).

Maintenant, vous vous bouchez les oreilles pour ne pas entendre.

MATHIEU.

C'est pour être plus sûr de ne pas me fâcher.

FRANÇOIS.

Ce n'est pas de franc jeu.

MATHIEU.

C'est juste. Ce gamin-là aura toujours le dernier. — Dis tout ce qui te passera par la tête.

FRANÇOIS.

Vous savez, mon père, qu'à l'école j'avais toujours le prix de mémoire.

MATHIEU.

Oui. Ce n'est pas ça qui me ferion sortir de mon caractère.

FRANÇOIS.

Au régiment, on me cite aussi pour la mémoire ; c'est un don de nature, je n'en ai pas autrement d'orgueil.

MATHIEU.

Ce n'est pas encore ça qui me mettrion en colère. Et après ?

FRANÇOIS.

Après, — je crois avoir retenu, à peu près, toute notre conversation depuis un quart d'heure. Je vais m'empresser d'aller l'écrire. Nous apprendrons facilement nos rôles, puisque nous n'aurons qu'à répéter ce que nous avons dit. Cela fera une petite pièce — et nous la jouerons demain devant ma tante, et devant tout le village, et devant M. le curé. Est-ce que cela ne fera pas plaisir à ma tante d'entendre comment nous parlons d'elle, quand elle n'y est pas? Au moins autant de plaisir que la soupe aux choux.

MATHIEU.

Dire que j'aurion un garçon qui aurion tant d'esprit! C'est très-juste, ça. Moi qui ne savion pas dire à ta tante, quand elle est là, ce que je pension d'elle. Elle l'entendra, comme ça.

FRANÇOIS.

Et vous voyez bien que c'est vous qui aurez fait la comédie, — car, sans reproche, c'est vous qui avez le plus parlé.

MATHIEU.

Le père Mathieu qui n'avion pas été à l'école, — et qui avion fait une comédie! — Qu'est-ce que tu dision de ça, Pierrette?

PIERRETTE.

Je dis que François a une excellente idée. Et à la fin de la pièce, je remettrai à ma tante des fleurs, dans cette corbeille que j'ai brodée pour elle.

FRANÇOIS.

Et moi, je tirerai en son honneur un feu

d'artifice, si vous me prêtez Grisette pour aller l'acheter demain matin à la ville.

PIERRETTE.

Et nous danserons.

FRANÇOIS.

Et je vous montrerai comment, au régiment, on fait flamber un bol de punch.

MATHIEU.

C'est ça, les enfants. Mais ça n'empêchera pas la soupe aux choux, avec du lard et de grosses fèves dedans. Et moi je dison — Qu'est-ce que je dison? — Vlà que je ne savion plus ce que je dison. — Je dison comme ça — que votre tante — hé ben, elle mérition encore mieux que tout ça!

FIN.

www.ingramcontent.com/pod-product-compliance
Lightning Source LLC
Chambersburg PA
CBHW060502050426
42451CB00009B/782